AF263595

SOUVENIRS

DU

SIÉGE DE PARIS

ROLE DE LA GARDE NATIONALE

NÉCESSITÉ DE LA RÉORGANISATION DE L'ARMÉE
ET DE L'ADMINISTRATION

PAR

Le Dr Constant POIGNET

Chirurgien-major au 24e Bataillon, Inspecteur des ambulances de rempart
officier de la Légion d'honneur.

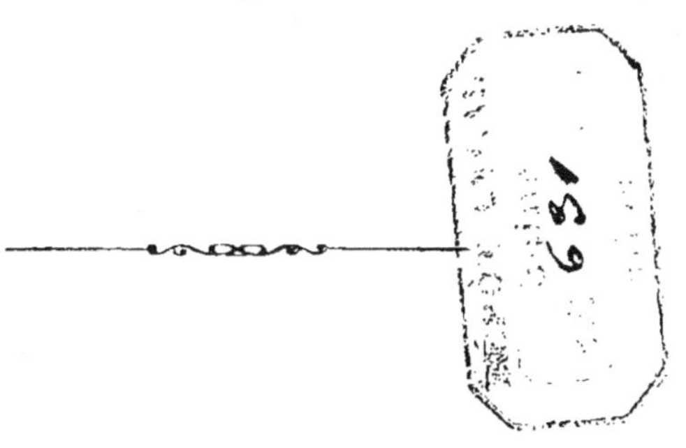

PARIS

IMPRIMERIE RENOU ET MAULDE
144, RUE DE RIVOLI, 144

1871

SOUVENIRS

DU

SIÉGE DE PARIS

Après les défaites successives de nos armées du Rhin et la honteuse capitulation de Sedan, Paris, menacé et désarmé, songea, dès le 4 septembre, à reconstituer la garde nationale sur la base la plus large. Tout manquait dans les magasins de l'État comme dans les arsenaux, et la foule des citoyens se précipitait à l'Hôtel-de-Ville, aux mairies, réclamant des armes à tout prix. Ce fut un moment de terrible angoisse. Entraîné par le mouvement irrésistible de la population, le gouvernement de l'Hôtel-de-Ville dut céder au courant qui le débordait. On habilla, équipa, arma en quelques jours 3 à 400,000 hommes, sans compter, sans contrôler, sans marchander les deniers du trésor public.

Des élections donnèrent à cette troupe, à cette cohue armée, des chefs, en général, recrutés un peu au hasard, au cabaret quelquefois, parmi d'anciens soldats ou d'aspirants à une popularité plus ou moins justifiée. Mais on n'y regardait pas de si près. Disons, cependant, que les exceptions furent nombreuses, et les héros d'un jour furent détrônés par leurs admirateurs quand ils voulurent faire respecter un grade qu'ils respectaient si peu eux-mêmes.

L'exercice avait lieu deux fois par jour avec une régularité et un enthousiasme qui ne devaient pas tarder à s'amoindrir. L'atelier, les bureaux, l'usine, généralement désertés par les défenseurs de Paris, cessèrent de fournir les ressources nécessaires à l'entretien de la famille. Les quelques ouvriers qui continuaient à travailler étaient traqués par les guerriers d'occasion et hués de la belle façon par les femmes elles-mêmes qui ne leur marchandaient pas les injures.

Cependant la gêne et la misère allaient croissant : les mères, qui ne partageaient ni les consolations du cabaret ni les excitations de la manœuvre, entrecoupée de politique, demandaient, avec raison, que l'État qui prenait les hommes prît aussi à sa charge les femmes et les enfants de ceux qui servaient la patrie.

Le Gouvernement décréta une solde de 1 fr. 50 par jour pour tous les gardes nécessiteux qui en feraient la demande, puis 75 centimes pour les femmes et 25 centimes par enfant. Les peureux, les invalides, les infirmes sortirent de dessous terre et se présentèrent en foule pour prendre leur part de périls et de gloire. Nouvel équipement, nouvel armement de plus de 100,000 hommes qui manquaient régulièrement à l'exercice, jamais à la paye. Il fallut cependant prendre des mesures d'ordre pour essayer de réprimer ces abus. On décida de ne plus faire la solde qu'aux gardes présents à l'exercice du soir. L'enthousiasme se relâchant, on dut même supprimer l'exercice du matin et se contenter de celui du soir, suivi de la solde, bien entendu.

Mais ces braves de la dernière heure avaient trop présumé de leurs forces : le service des remparts, quoique assez anodin cependant, en mit quelques-uns sur les dents, et démontra l'urgence de les éliminer des rangs des futurs combattants. On en fit la garde civique, sans armes, mais avec les 30 sous, — l'honneur était sauf.

Les comités d'armement, institués au début de la révolution, rendirent d'incontestables services aux municipalités assiégées par des milliers de réclamations plus ou moins fondées et donnèrent une impulsion vigoureuse aux souscriptions parisiennes pour la fonte et l'achat des canons, dont l'insuffisance semblait une des principales causes de l'inaction de l'armée, et à laquelle on attribuait en grande partie nos revers. Canons restés vierges, hélas ! jusqu'à leur livraison à l'ennemi !

Une commission des barricades se forma sous la

présidence de Rochefort. En quelques semaines elle éleva des retranchements, creusa des fossés, crénela des murs, et construisit une sorte de seconde enceinte de Paris en dedans de la première, pouvant servir de seconde ligne de défense en cas d'un assaut que les Prussiens se gardèrent bien de tenter.

Les déroutes de Châtillon, les tentatives sur l'Hay et Chevilly donnèrent exactement la mesure des forces qui défendaient Paris. Des mobiles indisciplinés, des troupes improvisées, dont le noyau était le corps de Vinoy, retour de Mézières, quelques échappés de Sedan, quelques traînards de toutes armes, des malades, ne pouvaient constituer une armée solide et suffisante pour empêcher l'investissement de Paris, qui devint un fait accompli le 17 septembre.

Cependant la population, surexcitée par ces revers successifs, soulevée par les clubs de l'opposition, murmurait sourdement contre l'apathie du Gouvernement et l'absence de bonnes nouvelles qu'elle attendait, fiévreuse et frémissante, aux portes des mairies jusqu'aux heures les plus avancées de la nuit. Il courait dans l'air comme des bruits sinistres de trahison. L'agitation était profonde et n'attendait, en quelque sorte, qu'une occasion pour se traduire en actes d'énergique protestation et de révolte.

Aussi la misérable affaire du Bourget, le 30 octobre, précédant de quelques heures la nouvelle de la trahison de Bazaine et de la reddition de Metz, formellement démenties la veille par le Gouvernement, fut-elle le signal d'un soulèvement général contre les hommes de l'Hôtel-de-Ville. L'exaspération était à son comble, et on accusait hautement les membres de la Défense nationale de maintenir quand même à leur poste des généraux qui avaient donné les signes les moins équivoques d'incapacité et d'incurie.

Le 31 octobre, la révolution fut instantanée, l'Hôtel-de-Ville envahi, et la Commune installée avec Blanqui pour président. Si ces hommes, plus maîtres d'eux-mêmes, et surtout de leur entourage, n'eussent pas débuté par les éternelles violences et les excès de pouvoir qui sollicitent une réaction immédiate, on ne sait pas si le Gouvernement eût pu résister à cet unanime déchaînement de colères et de récriminations légitimes.

Éclairée par les violences, les décrets et les saturnales des agents subalternes, redoutant quelques folies sanglantes dans les rues, en présence de l'ennemi qui comptait sur la populace pour lui ouvrir les portes de Paris, la garde nationale, plutôt par prudence que par confiance dans les hommes du Gouvernement, conserva et affermit leur mandat.

Ce sacrifice, fait au besoin de tranquillité intérieure, n'accrut pas cependant le prestige du Gouvernement de la Défense. La froideur et la réserve de la population frappèrent dès lors les esprits clairvoyants qui ne cessèrent plus de croire à notre impuissance et à notre inévitable perte.

La délégation de Tours n'inspirait, d'autre part, que peu de confiance à Paris : on sentait, à je ne sais quel malaise, que les dépêches qu'elle expédiait n'étaient pas le résultat de la conviction. Ses proclamations, ses circulaires, gonflées de phrases à effet, exaltaient les demi-succès, masquaient les défaites et n'enregistraient que des victoires mensongères. Paris, sans cesse trompé sur la marche libératrice des armées de province, dont il attendait son salut, trompait à son tour toute la France sur sa résistance indéfinie.

On sollicitait vainement Trochu de s'expliquer sur son fameux plan que personne ne devait connaître et que tout le monde finissait par mettre en doute.

A l'Hôtel-de-Ville, M. Ferry, surtout, avait exaspéré la population et ne trouvait ni sympathie ni confiance. La province, qui s'agitait, disait-on, sans autre explication, ne marchait pas au gré des impatients. La vérité qui se dégageait de plus en plus de toutes nos déceptions, c'est qu'à Paris comme en province, on ne pouvait rien improviser avec des éléments sans cohésion, sans instruction, sans discipline, en un mot, qu'on ne décrétait pas plus une armée que la victoire.

La pression de l'opinion publique s'accentuait chaque jour de plus en plus et s'attaquait non-seulement à Trochu, mais aux généraux qu'il maintenait malgré tout à la tête de troupes qui n'avaient plus confiance en leur virilité ni en leurs capacités. A tort ou à raison, car cela ne se discute pas, on disait que des vieillards n'avaient ni l'énergie ni l'audace nécessaires pour tenter une sortie héroïque et victorieuse, — et on ne se gênait pas dans l'armée pour le dire tout haut.

A tout prix il fallait faire cesser ces tendances à la discussion et à l'indiscipline qui en est la conséquence prochaine. — Le passage de la Marne fut décidé.

Trois corps d'armée, Vinoy à droite, d'Exea à gauche, Ducrot au centre, devaient coopérer à ce mouvement dont l'objectif était l'occupation des plateaux de Champigny, Chenevières, Avron, Noisy-le-Grand, pour dominer la position de Chelles et paralyser les batteries de Gagny et du Raincy.

Le 28 décembre, une double proclamation annonça enfin l'attaque si ardemment désirée par la population : le général Ducrot disait dans la sienne « qu'il ne rentrerait à Paris que mort ou victorieux. » L'espérance faisait battre tous les cœurs quand, le 29 au matin, les trois armées commencèrent leur mouvement. Chacun sentait que l'heure était imposante et la tentative décisive pour notre avenir. 25,000 gardes nationaux mobilisés formaient la réserve.

Le 29, Vinoy commença son mouvement sur Choisy et l'Hay, pendant qu'une de ses divisions attaquait Montmély. — L'échec fut complet. — Ducrot, qui devait passer la Marne sur des ponts de bateaux, ne put y parvenir, à cause d'une crue subite du fleuve. Seul, le général d'Exea occupa le plateau d'Avron, qui n'était défendu que par des avant-postes, et s'y maintint toute la nuit.

Le lendemain, le passage de la Marne s'effectua sans trop de difficultés, et l'attaque eut lieu sur toute la ligne du centre. L'affaire fut chaude et meurtrière, et nous restâmes sur les positions conquises. Trochu eut le tort impardonnable de demander vingt-quatre heures pour relever les morts et les blessés.

Pendant ce temps, les Prussiens, éclairés sur nos intentions, firent marcher toutes les troupes disponibles dans les environs et purent opposer une force considérable, près de 100,000 hommes, dit-on, à nos deux armées qui n'en comptaient pas plus de 60,000 le lendemain. Le 2 décembre, la bataille, commencée dès l'aube par une surprise, fut acharnée et meurtrière : les nôtres, après avoir fléchi le matin, reprirent vigoureusement l'offensive et firent reculer l'ennemi sur sa seconde ligne. Ce succès, chèrement acheté, fut accueilli à Paris avec un enthousiasme facile à comprendre. Le général Trochu en était fier et radieux comme d'une brillante victoire, et il fit à la garde nationale, massée en colonnes au Tremblay, un de ces discours émus dont il a le secret et qui fut envoyé textuellement par moi à tous les journaux de Paris.

Ce triomphe fut de courte durée. Le lendemain, les Parisiens, à leur réveil, apprirent que le corps de Ducrot était rentré dès le matin dans le bois de Vincennes, sans avoir été inquiété par l'ennemi en repassant la Marne.

La stupeur fut universelle. Que s'était-il donc passé pendant la nuit? Nul ne le savait. L'ordre du jour était muet sur les causes de ce recul inattendu. On courut au Gouvernement, et là on apprit que les Prussiens, ayant rapidement fait avancer des réserves considérables, préparaient un mouvement tournant qui pouvait couper la retraite au corps de Ducrot.....

Personne ne fut convaincu par cette explication, et dès lors la lumière fut faite. — Ducrot, *ni mort ni victorieux*, refaisait son armée sous les arbres du bois de Vincennes. Le résultat fut malheureusement plus cruel encore que nous ne nous y attendions. Le régiment de zouaves, conduit par l'intrépide colonel Fournès qui eut deux chevaux tués sous lui et deux blessures pour sa part, perdit près de 700 hommes et 34 officiers.

Les mobiles d'Ille-et-Vilaine virent tomber un tiers de l'effectif et presque tous leurs officiers.

Ce fut donc un sacrifice inutile, et pas un homme du métier ne put conserver d'illusions. Nous étions réellement et définitivement perdus.

Le torrent d'accusations, d'injures, de récriminations reprit son cours ordinaire. Cette fois on n'y mettait plus de réserve, et les bruits de trahison retrouvèrent de l'écho. Des membres de la Commune proposèrent alors au Gouvernement l'adjonction de conseillers au Comité de Défense. Ils furent repoussés par la majorité des généraux qui offrirent leur démission. — Ce n'était pas répondre.

Le chef d'état-major fut même accusé de connivence avec l'ennemi. Trochu protesta, mais ne convainquit personne, et chacun réserva son opinion.

La population était impatiente, fiévreuse, nerveuse, il y avait de la révolte dans l'atmosphère, et les gens les plus paisibles, les plus convaincus jusque-là, commençaient à reconnaître la nécessité d'un changement de direction.

On se préparait à une nouvelle manifestation quand, le 27 décembre, commença le bombardement des forts de l'Est et du plateau d'Avron. Cette dernière position, devenue intenable pour des forces non abritées contre les feux croisés de six batteries de gros calibre, fut évacuée par des troupes mutinées, aigries, qui réclamaient la paix et déclaraient hautement qu'elles ne voulaient plus se battre avec de pareils généraux. L'explosion de rage dans la population fut intraduisible. Le général Trochu fut sommé de donner sa démission. — Maintenu malgré tout par le Gouvernement, il jura que le Gouverneur ne capitulerait pas. Cette déclaration ne trompa personne et n'apaisa ni les inquiétudes ni les récriminations.

Le rationnement du pain, de la viande, la rareté du combustible, les souffrances et les privations d'un hiver exceptionnellement rigoureux, n'étaient pas des calmants pour tant de douleurs et de déceptions sans trêve. Le 4 janvier, le bombardement des forts du Sud, de l'enceinte, de la rive gauche tout entière, accrut encore les angoisses sans diminuer les colères de la population qui s'enfuyait, affolée, vers les quartiers du centre. Les obus, nuit et jour, trouaient les murailles, effondraient les toits et les plafonds, tuaient ou mutilaient horriblement les femmes, les enfants, les vieillards, les malades et les blessés dans les hospices, pendant que les hommes valides veillaient aux remparts ou aux avant-postes. Chaque jour apportait son contingent de douleurs et de désastres dans ces quartiers dont la population montra le courage et la résignation les plus admirables devant ces ruines où l'incendie achevait l'œuvre des bombes. Les habitants des quartiers non atteints par le bombardement s'empressèrent autour des victimes qui furent recueillies dans les logements inhabités et y restèrent jusqu'à l'armistice.

La tranquillité ne fut pas un instant troublée par ces désastres, et ce sera l'éternel orgueil de la population de Paris d'avoir conservé pendant cette lugubre phase du siége le même calme et la même énergie pour la défense. On s'habituait d'ailleurs assez facilement au sifflement des obus, à leurs détonations et à leurs sanglants ravages. Le nombre des morts et blessés était relativement peu considérable par rapport à l'activité croissante du feu de l'ennemi, dont l'intensité augmentait en raison du peu d'effet moral qu'il produisait sur les Parisiens. Plus de bruit que de besogne, disait-on avec insouciance. En effet, plus de 30,000 bombes sont tombées sur Paris, et le chiffre des victimes a été de 217 morts et 615 blessés. — Total, 832.

Un résultat très-sensible du bombardement fut de donner une nouvelle activité à la garnison qui insistait pour sortir et pour combattre. La garde nationale mobilisée surtout se demandait si on l'avait créée pour assister, l'arme au pied, à de pareils désastres.

Mais le Gouvernement, par suite d'une inconcevable prévention, entretenue par les écarts et les excès de quelques bataillons, semblait renoncer à tirer parti d'une force énorme accumulée à Paris au prix des plus grands sacrifices. L'armement, l'habillement, l'équipement, ne laissaient rien à désirer. Quant au courage, au patriotisme et à la bonne volonté, on ne pouvait rien exiger de plus ; et si l'expérience faisait défaut, c'était aux chefs qu'il fallait s'en prendre et non aux gardes, qu'on n'avait jamais voulu mettre en ligne.

Ce fut un tort irréparable, car ces troupes valaient probablement bien l'armée et la mobile dont la création était tout aussi récente et dont les éléments généraux étaient certainement inférieurs à ceux de Paris comme instruction et patriotisme. On ne voulut voir dans ces jeunes bataillons qu'une foule armée de fusils et non une troupe disciplinée apte à la guerre. Les généraux n'en voulaient pas et ne *comptaient pas sur elle*.

L'indignation était générale : d'une part, des chefs, en apparence inactifs, spectateurs impassibles de nos ruines ; d'autre part, une force jeune, brave, confiante dans le succès et qu'on se refusait obstinément à rejeter sans l'admettre à faire ses preuves. Cette situation ne pouvait durer sans amener un conflit inévitable et sanglant. Les mots de trahison et de capitulation honteuse qu'on prononçait tout bas accroissaient l'irritation contre le Gouvernement et surtout contre le général Trochu.

Sous cette pression irrésistible une grande sortie fut

décidée pour le 19 janvier. Le corps d'expédition sous les ordres du général en chef, divisé en trois armées, devait opérer une attaque simultanée sur trois points différents, et avait comme objectif le plateau de Garches qui commande la route de Versailles. L'aile gauche, sous les ordres du général Vinoy, le centre commandé par le général d'Exea, commencèrent, au signal parti du Mont-Valérien, l'attaque de la ligne qui va de Montretout au parc de Buzenval. La garde nationale, tête de colonne partout, enleva les positions avec un entrain et une vigueur qui étonnèrent les vieilles troupes elles-mêmes. La redoute de Montretout, le plateau de Garches, la partie Est du parc furent emportés en quelques heures. L'aile droite, commandée par Ducrot, retardée dans sa marche de nuit par des obstacles imprévus, n'ayant pu entrer en ligne qu'à midi, avait donné aux Prussiens le temps de se reconnaître et de masser leurs réserves. L'attaque sur la Bergerie et Longboyau échoua malheureusement, et permit à l'ennemi de se porter en nombre sur le plateau de Garches, le parc et Montretout. La lutte fut acharnée, mais l'absence de renforts et des réserves dont on ne *s'explique* pas encore l'inaction, l'impossibilité de faire mouvoir l'artillerie dans une terre détrempée et impraticable, nous forcèrent à reculer et à abandonner des positions si brillamment conquises et si prématurément abandonnées par nos généraux en chef.

La leçon infligée à nos gouvernants venait trop tard : la garde nationale mobilisée s'était tout simplement montrée admirable et avait été complimentée par de vrais officiers, de vrais soldats, et par un vrai général, le général Fournès, qui s'y connaît en bravoure, celui-là, car je l'ai vu rester dix-sept heures à cheval, sans quitter le champ de bataille, à la tête de sa brigade et du 4ᵉ zouaves à côté duquel avait combattu notre régiment, le 11ᵉ de Paris.

Ces braves le proclamaient hautement : La garde nationale n'avait été indigne ni de l'honneur ni du voisinage.

La preuve était éclatante : le mauvais vouloir et le parti pris de nos chefs ne fit plus question dans les rangs de cette milice si injustement écartée de son rôle. Cela n'accrut ni leur popularité ni la confiance en eux ; mais ce combat inutile, meurtrier, accepté de mauvaise grâce, subi en quelque sorte comme une concession imposée par l'opinion, éclaira tout le monde sur les conséquences prochaines de quatre mois d'inaction, d'hésitations et de défiances.

Vers le soir de cette dernière et fatale journée, le général Trochu, du haut du fort du Mont-Valérien, perdu dans le brouillard, incapable, par conséquent, de se rendre un compte exact de la bataille, télégraphiait à Paris cette foudroyante dépêche qui jeta l'épouvante dans la population : « Parlementez d'urgence à Sèvres pour l'enlèvement des morts et des blessés. Il faudra de grands efforts, des brancards nombreux et des voitures, etc. » Paris crut que l'armée était anéantie.

Cette exagération, évidemment intentionnelle, ne trompa personne. C'était le prologue de la capitulation.

La vérité sur nos blessés et nos morts était pourtant facile à connaître. Dès sept heures du matin, après avoir *vainement* cherché l'ambulance militaire qui devait accompagner la division Bellemarre, dont le 11ᵉ régiment faisait partie, j'avais installé à la ferme de la Fouilleuse une vaste ambulance qui reçut tous les blessés et même des morts du centre de l'armée qui supportait la retraite dans les plus mauvaises conditions et sous le feu le plus violent. Si M. le général Trochu, aussi soucieux de se renseigner que de télégraphier, avait daigné envoyer près de moi, il aurait appris que 657 blessés et 6 morts seulement avaient été amenés à l'ambulance, la seule qui eût desservi la division; que tous ces hommes étaient évacués sur Paris dès dix heures du soir, et que rien ne motivait l'alarme qu'il semait ainsi dans une population impressionnable et légitimement indignée de cette incroyable exagération;

Car, en supposant pour les deux ailes un nombre de blessés égal à celui du centre, nous trouvons un chiffre de moins de 2,000 blessés. — Les ambulances établies à Rueil et à Nanterre avaient, sans aucun doute, accompli leur besogne comme l'ambulance de la Fouilleuse, et il ne restait donc ni grands efforts ni grand courage à déployer pour enlever ceux qui pouvaient être restés sur le champ de bataille. — En effet, 250 morts seulement furent trouvés le lendemain dans la plaine, et ce chiffre officiel donna la mesure de l'opportunité que présentait la lugubre dépêche de la veille.

Cette affaire fut le dernier coup porté à la popularité, déjà si chancelante, du Gouverneur. — Il donna sa démission de général en chef : c'était quatre mois trop tard pour la majorité de la garde nationale.

Le Gouvernement, qui avait jusqu'alors gardé le silence sur l'état réel de nos ressources et de nos vivres, se décida enfin à parler. Il nous apprit que nous n'avions plus que pour sept jours de ce mélange de paille et de son qu'on appelait du pain, et qu'on délivrait, à raison de 300 grammes par homme et par jour, avec 30 grammes de viande de cheval.

La capitulation était inévitable. Elle fut signée le 28 janvier sous la forme d'un armistice de vingt et un jours. Les forts et la zone en dehors des fortifications furent livrés aux Prussiens, l'armée désarmée, internée à Paris, sauf une division de 12,000 hommes qui conserva ses armes, ainsi que la garde nationale tout entière, afin de pouvoir, en cas de besoin, maintenir l'ordre dans Paris.

L'heure des récriminations et des comptes sévères n'est pas venue. Toute faite d'amertumes, d'héroïques efforts et de dévouements inutiles, l'histoire de cette terrible campagne dira la part qui revient à chacun dans cette catastrophe si épouvantable et si inattendue. Quant à nous, meurtri et brisé par ce désastre sans nom et sans précédent, nous nous asbtiendrons de prononcer sur les hommes qui l'ont déterminé ou subi, parce que, sous les yeux de l'ennemi, le silence devient la dignité du malheur.

UN MOT MAINTENANT

SUR

L'ARMÉE ET SON ORGANISATION FUTURE

———

Je ne crains pas d'avancer ici que l'*ignorance* a été le fléau qui a pesé sur nos armées pendant le cours de cette malheureuse campagne. Nous ne savons pas faire la guerre, voilà la vérité. Nous n'avons su, ni nous couvrir, ni nous éclairer, ni manœuvrer, ni nous abriter ; nous n'avons su que prodiguer sans utilité la vie humaine, nous placer à découvert, toujours héroïques mais insensés, devant des ennemis et des canons invisibles.

Tout est à refaire dans cette armée où les vaillants

se comptent par milliers et les vieillards impotents par centaines.

C'est un arbre malade, mutilé, épuisé, dans lequel il faut mettre hardiment le sécateur pour en supprimer le bois mort et les branches parasites, sinon il est fatalement condamné à une éternelle stérilité.

Une refonte administrative et militaire est d'urgence absolue en France.

1. En ce qui concerne l'armée, le premier besoin, le premier devoir, c'est de rajeunir la tête. Quelques exceptions, plus présomptueuses que réelles, ne sauraient annuler cette loi physiologique et inflexible : c'est qu'à soixante ans l'homme ne peut plus apprendre et ne peut plus enseigner un métier qu'il a mal étudié dans sa jeunesse. Il lui manque l'énergie physique, nécessaire, indispensable, pour les fatigues et les imprévus de la guerre. Il est incapable, par un élan qu'il ne sent plus en lui-même, d'entraîner une jeune troupe et de rester de longues heures à cheval sur un champ de bataille pendant tout le cours d'une campagne. Les jeunes troupes ont besoin de sentir leurs chefs au milieu d'elles, et si, le 19 janvier, le général Fournès n'était pas resté dix-sept heures à cheval avec ses zouaves, ils n'eussent peut-être pas tenu vingt-trois heures sac au dos sous le feu de l'ennemi.

2. Utilisez les connaissances et l'expérience des généraux de soixante ans; mais supprimez-les radicalement comme brigadiers, divisionnaires et commandants des corps d'armée.

3. Une réforme capitale, à mon avis, pour éviter l'encombrement des incapables, c'est de *supprimer absolument l'avancement à l'ancienneté.*

L'ancienneté ne saurait créer aucun droit à un grade supérieur que le mérite et le talent *seuls* doivent conférer.

C'est par l'ancienneté qu'on arrive à faire occuper les grades supérieurs par des officiers que la guerre a poussés en avant, sans leur donner pour cela les connaissances nécessaires, et qu'en temps de paix on avait formellement classés dans les rangs subalternes. De là une insuffisance déplorable, car on ne saurait prétendre que d'un médiocre capitaine on puisse faire en quelques jours un excellent général. Le seul moyen de remédier à cette regrettable facilité d'avancement, qui s'exerce indistinctement en temps de guerre, c'est de ne donner les grades, depuis celui de caporal jusqu'à celui de colonel, qu'après un examen préalable de capacité et de classement. — Chaque année un jury, pris en dehors du régiment, parmi les plus savants officiers de l'armée, devrait faire subir une sorte de concours entre tous les officiers ou sous-officiers du même grade et désignerait, après des épreuves théoriques et pratiques, les sujets capables de remplir les fonctions du grade supérieur. Aucun grade ne serait dépassé par celui qui en serait déclaré incapable. De cette façon les cadres seraient toujours composés d'hommes jeunes, instruits, studieux, et l'avancement, soumis à des lois fixes, ne serait plus entravé par de prétendus droits qui en sont souvent que des certificats de paresse et d'incapacité.

En un mot, établir solidement la base avant d'élever le sommet de la hiérarchie.

4. L'unité de manœuvre serait le régiment et non plus le bataillon. Mais il faudrait que ce régiment fût un tout complet, pouvant se suffire dans toutes les positions; il faudrait qu'il fût organisé de telle façon que le passage du pied de paix au pied de guerre puisse s'effectuer sans se soumettre à l'improvisation du service accessoire qu'on ne réclame jamais aux autres corps sans les désorganiser par cet emprunt inattendu.

Ainsi, chaque régiment devrait avoir son artillerie, ses mitrailleuses attelées, sa demi-section du génie (pionniers, ouvriers en fer et en bois, armuriers), son personnel de santé, ses brancardiers, ses infirmiers, ses voitures spéciales et scrupuleusement réduites au nécessaire, de telle sorte que le jour d'une entrée en campagne, on ne soit plus contraint de subir les lenteurs d'une administration débordée qui improvise à la hâte des services insuffisants où personne ne connaît ni sa place ni son rôle et qui finissent par compromettre le sort d'une armée. Nous en savons quelque chose aujourd'hui. Un régiment bien constitué, possédant bien ses ressources et où chacun a appris de longue date ses devoirs, forme dans les vingt-quatre heures une brigade avec un régiment de même arme, sans l'intervention de l'intendance qui a surtout le talent de rendre impossibles les mouvements rapides, si indispensables à une armée en campagne.

5. Créer de véritables écoles régimentaires, y astreindre tous les hommes sans exception, et en confier la direction, non plus à des officiers, mais à de véritables instituteurs militaires ayant titre universitaire et position définie.

6. Supprimer dans l'équipement et l'habillement de l'infanterie tout ce qui est inutile et gênant :

1° La tente-abri, qui n'abrite jamais, et qui gêne toujours par les accessoires qu'elle comporte ;

2° Les guêtres de tout genre, d'un usage impossible, antihygiénique par l'irrégularité de la compression, qui demandent un temps infini pour être lacées, et dont le sous-pied casse alternativement avec le cordon tous les matins et exaspère les soldats en leur causant des retards imprévus ;

3° Ces chaussures absurdes, en deux tronçons, seraient remplacées avec avantage et économie par les demi-bottes que tout le monde connaît et adopte dans la garde nationale et la mobile ;

4° Modifier la ration de campagne, très-compliquée, d'un ravitaillement irrégulier et difficile, et très-médiocre comme aliment ;

5° Supprimer sur le sac des hommes cette bruyante et lourde batterie de cuisine qui gêne les mouvements, éreinte les soldats et rend si peu de services.

6° Tous ces transports effectués sur un ou deux chariots légers seraient confiés à des cuisiniers qui se chargeraient de ces mille détails qui achèvent de fatiguer les hommes déjà rompus par une longue marche, avec un fardeau de 20 à 30 kilos et plus sur les épaules.

D'autre part, les *expédients* auxquels se livrent forcément les hommes pour abréger les préparatifs de leurs repas entretiennent les habitudes de dévastation, importées d'Afrique, et qui ne contribuent pas à entretenir le respect et la discipline dans l'armée.

Si l'on objecte que l'adjonction de chariots nouveaux au train déjà si nombreux entraverait la marche de l'armée, je répondrai que ce sont surtout les traînards, les hommes fatigués et malades qui encombrent les routes, et que deux voitures bien placées, loin de créer des *impedimenta*, supprimeraient des non-valeurs et des découragements bien autrement sérieux.

7. Abolir la conscription et décréter le service obligatoire de vingt à vingt-trois ans pour tous les hommes valides.

8. Utiliser les réformés pour les services accessoires.

9. Organiser le service des réserves par département ou par province.

10. Maintenir rigoureusement tous les cadres et tous les services dans un état de mobilisation possible et immédiate.

11. Supprimer les uniformes de fantaisie, chamarrés, voyants, ridicules et très-onéreux pour le budget.

12. Modifier le recrutement de la cavalerie et de l'infanterie, en raison du rôle qu'elles sont appelées à jouer dans les armées modernes.

13. Créer spécialement des corps d'éclaireurs avec l'obligation absolue de connaissances suffisantes en géographie et topographie générales.

14. Ne plus tolérer ces états-majors de haute fantaisie qui ignorent les routes et le nom des villages des environs de Paris.

15. Imposer à l'armée la discipline la plus rigoureuse et la plus juste, se préoccuper sans cesse de son bien-être, de son avenir, de son instruction et surtout lui donner des chefs instruits, jeunes, énergiques, qui

aient sur elle l'influence que donne l'intelligence, le courage et une *supériorité* indiscutables.

Ce qu'il faut encore à tout prix proscrire, c'est le désastreux privilége des fonctions gratuites dans l'administration civile et militaire.

Il faut exiger rigoureusement un stage, un apprentissage pour tous les emplois, pour toutes les fonctions; les rétribuer afin de créer la hiérarchie normale, et autoriser le contrôle et la répression des abus. Les emplois que la faveur distribue aux retraités, aux satisfaits, aux désœuvrés et par conséquent aux incapables, créent des charges énormes et des complications ruineuses pour l'État. La France n'est plus assez riche pour se donner des fonctionnaires gratuits. Ils lui ont coûté trop cher.

Voilà en quelques mots les vices d'organisation qui m'ont le plus frappé pendant le siége. Je n'ai pas la prétention d'avoir tout vu ni tout prévu. J'ai dit ce qui m'a paru juste et bon à dire, simplement, sans parti pris de critique ou d'éloge, mais en observateur impartial qui, après la défaite, redoute bien moins la vérité que l'illusion.

La révision de la loi sur la garde nationale est le corollaire obligé et immédiat de la réorganisation de l'armée. Ces deux forces, destinées à se compléter l'une par l'autre, devront avoir le même mode de recrutement et d'avancement, sous peine de retomber dans l'absurdité des élections aux différents grades. Car je pose en principe qu'un chef, pris au hasard, discuté, tributaire du caprice du premier venu, élevé et abaissé alternativement par la faveur et l'hostilité, ne saurait avoir ni le prestige, ni l'indépendance, ni la dignité indispensables au commandement.

J'ajoute que, même en le supposant capable, un tel chef est impuissant à imposer le respect de la discipline et à obtenir l'obéissance absolue, indispensable à une troupe qui, sans ces deux conditions rigoureuses, pourra bien être une ressource passable en temps de paix, mais jamais une armée assez sûre en temps de guerre; non qu'elle manque de bravoure, elle a fait ses preuves, mais parce qu'elle manque de confiance en des officiers qui ne présentent souvent qu'une surface insuffisante aux yeux de l'armée proprement dite.

CONCLUSION

J'ai donné le premier coup de pioche dans l'édifice vermoulu, mais encore solide, de la routine. Je passe l'outil à de plus vaillants. La France est surtout malade du vieux monde, des vieux préjugés. Voudra-t-elle et aura-t-elle le temps d'en guérir? Je ne sais, mais si je ne me dissimule ni les difficultés d'exécution, ni les hostilités que soulèverait un tel dédain des petites vanités, des prétentions, des importances et des partis pris séculaires, je maintiens que ces réformes sont, à mon humble avis, indispensables à la rénovation et à l'avenir du pays.

To be or not to be.

Dr Constant POIGNET.

Paris, le 3 février 1871.

8922   PARIS. — TYPOGRAPHIE RENOU ET MAULDE, RUE DE RIVOLI, 144.